JN410601

그곳에 있었다

그곳에 있었다

이용경 시집

세종출판사

••• 시인의 말

기억으로 남은 것은 지나간 시간의 어느 곳에서 있었던 일이다. 기억들이 퇴적되어 존재를 구성하고 새로운 기억들이 합류하여 강물 같은 삶의 흐름을 이루어나간다.

시간은 거스를 수 없이 미래라는 한 방향으로 흐르고, 공간, 곧 장소는 어디든 다시 갈 수 있는 곳이라 생각하기 쉽다. 하지만 장소는 변치 않는 특정된 공간이 아니라 시간에 따라 달라지는 곳이다. 그때는 그곳에 함께 있었던 사람이나 일어났던 일들이 다시 가 보면 없다.

시간과 공간의 무한한 지속, 가늠할 수 없는 그 아득한 변화에 대하여 먼지보다도 작은 한 인간으로서의 기억과 사유로 성찰하고 고뇌해 온 과정이 시로 표현되었다.

무한은 무상함을 바탕으로 하지만 무한하기에 그 속에는 변치 않는 유한함도 내포되어 있을 것임을 짐작한다. 무한의 시공간을 넘어 그에 실려서 가고 오는 유한의 애틋한 연과 인의 관계 속에서 경외하는 마음으로 시집을 펴낸다.

2023년 가을

수영강을 앞에 둔 장산 자락에서

차례

1 지나온 길

2 그곳에 있었다

3 별이 빛나던 밤

4 소는 모른 척

5 시공간의 흔적으로

해설 | **박정선**

1

지나온 길

지나온 길

저기 한 사람이 걸어온다
점점 가까워져
무심히 곁을 지나간다
그가 온 길
내가 지나온 길을
서로 엇갈려 걸어간다

어디서 비롯하여
어디로 가는 것일까
스쳐 지날 때
미세한 바람이 일었을 것인데
걸어가는 동선에 따라 비워지는 공간들
다른 공기로 채워지고
바람은 풀잎을 흔들고
호수엔 파문이 번졌을 것인데

지나온 길
서로
말없이 걸어간다

저기
한 사람이 오고 있다

화석

발자국을 남기지 말라
먹이를 구하러 나서더라도
짝을 찾아 헤매더라도
비굴하게 쫓기는 중일지라도

시간이 지나서도
추적해 올 것이다

아침에 집을 나선 후
먼 길을 걷고 돌아왔다
고단하게 지나간 하루의 흔적들이 뇌리를 스쳐 간다

알 수 없는 사족동물이
진흙 위를 걸어갔다
실체는 사라졌다
체중이 실렸던 압착의 흔적만이
먼 시간을 화석으로 전해온다
학계에 보고되지 않은 사족류의 존재를 두고
TV 속이 요란하다

오늘 걸어온 발자국을 지우고 싶다

가는 곳 모르고 미망 속을 헤매어온
나의 생
두렵다 추적당할 것이
두려울 뿐이다
잊히지 않는 것이
사유도 존재도 끊어진 어느 시공에
이족류의 발자국으로 남을 것이

거울

거울이 나를 본다
눈길을 돌려도
보고 있다

낮이나 밤
안과 밖
숨어도
보고 있다

비치는 내 모습
피할 길 없다

거리로 나서자
지나치는 사람들
모두 나를 본다

어제도 오늘도
그림자처럼
거울이 따른다

언제나 그 길을

오늘도
어제와 같은 길을
걷는다

같은 시간
같은 길을
언제나

오늘은
그가
보이지 않는다

미지의 길이
시작되었다

풍화風化 1

눌린 낙엽으로 이어지는
희미한 궤적은
멧돼지와 고라니가 오간 길
잡목과 가시덤불을 헤치고
산짐승의 길을 빌기 위해서는
조상으로부터 이어져 온 유산
직립보행을 잠시 포기해야 한다

오랜 시간 사람의 발자국 지워진 산속
발길에 걸리어 헤쳐 보니
넘어진 빗돌
억새는 키를 넘고
소나무 둥치는 아름을 넘겠는데
파헤친 봉분이
호박 구덩이마냥 입을 벌리고 있다

살아서 자기 집 한 채 지녔을까
한 세상 지난 애환
그보다 긴 세월을 누워
낙엽과 함께 흙으로 사그라져 가는
한 뼘의 거처

애욕의 상흔
영욕의 기억도
지나간 인연도
지금은 산이 되어
비와 바람의 영역인지 오래인데
기어이 일으켜 흩어버림은
어느 자손의 모진 끝맺음인가

말 없는 빗돌
학생 부군
흙 속에 반쯤 묻히어
비와 바람에 지워져 가고 있다

극점으로

많이도 넘어졌다
이쪽저쪽 가리지 않고
이제 더 이상 넘어질 곳은 오직
한 방향 뿐이다

많은 곳을 헤매이었다
동서남북을 가리지 않고
이제 더 이상 갈 곳은 오직
한 방향 뿐이다

좌절은 끝나고
방황은 멈추었다
오직 한 방향만 남았다

여기에 이르기까지
얼마나 많은 시간이 걸렸던가
아무도
누구도 알지 못한다

나는 극점에 이르렀다

어느 쪽으로 넘어져도
어느 곳으로 가더라도
방향은 오직 남쪽뿐인
이곳은
북극점

이슬

이 산길은 오늘
내가 처음인가보다
스치는 풀잎들
이슬을 털어낸다

오르막이 이어지고
숨은 가쁘다
시장바닥의 질펀임
주점의 흥청거림
간밤에 묻혀온 들숨을
숲길에 토해낸다

밤사이 숲속엔 무슨 일이 있었을까
풀벌레의 호흡과 산새의 날갯짓
나뭇잎과 풀잎의 부대낌이
이슬로 맺혔을까

멀리 강바람이 불어와
우수수 지나간다
이슬은 흩어진다
강과 바다로
구름으로
바위틈과 실핏줄 같은 뿌리들 사이로

발길을 멈추고
숨죽이며 돌아선다

스며든 이슬은
밤을 기다린다

시간 여행자 1

있던 곳을 떠나
그 자리에 돌아와도
이미 시간이 흘렀기에
같은 곳이 아니다

움직이면 시간이 흐른다
가만히 있어도 가만 있는 것은 없기에 시간이 흐른다
시간이 흐르면 변한다

공간은 시간이 만드는 것
시간은 공간이 있어 흐르는 것
같은 시간에 두 곳에 머물 수 없듯이
같은 곳이라도 시간은 다르다

뜨거운 햇볕 아래
소리도 끊어진 적막
그날의 하오
바람이 불지 않음으로
시간은 멈춰 있는 것이었다
의식이 그곳에서 머문 것이었다

그리운 그곳 돌아와도
아, 지금은
그곳이 아닌
고독한 시간 방랑자

길 위에서

길은 마을로 이어진다
사람이 떠나고 길은 끊어진다

산길은 서식지로 이어진다
짐승이 떠나고 산길은 끊어진다

너무 오래
떠나 있었다

너무 오래
혼자 있었다

떠난 것은 없었고
길은 이어져 있었다

길을 나서
길을 찾는다

달

가만히 보면
가만 있다

못 본 사이
움직여 있다

잊었다 보면
멀리 가 있다

눈금 없는
밤하늘의 시계

자고 나면
지고 없다

시간 여행자 2

미래에서 온 자는 보지 못했다
과거에서 온 자는 많이 보았다
나도 과거에서 왔다
보고 듣고 얘기하는 모든 게
이미 지나간 것이다

그러나
미래에서 온 자 아직 없었다
슬프지만 결코
시간 여행자는 없다
미래가 있다면
미래의 미래 먼 훗날에
마땅새 그 누군가
시간 여행 기계 발명 못 했을 리 없다

과거를 지나왔지만
미래는 오지 않았다
나는 어디에 있는가
현재라고 인식하는 순간
모든 것은 지나 가버린 후
미래는 없고
과거는 쌓여간다

가야 할 길
지나간 시간
되돌아 보는 길
오지 않은 시간

가도 가도 닿을 수 없는
나는 시간 체류자

구두

아침에 현관을 나오려니
구두 한 짝이 뒤집혀있다

어제
고달팠던 하루의 모습 그대로
밤새 엎어져 있었나 보다
구두의 바닥을 본 게 언제였던가
위쪽은 솔로 털고 광을 내고 다녔지만
밑창은 안쓰럽다
뒤축과 바깥쪽이 쏠려서 닳았고
긁히고 찔려 생긴 흠집들이 무수하다
자세히 보니 위쪽과 틈새도 벌어져
지금까지 걸어온 길을
구두는 몸을 뒤집어 말하고 있다

밖으로 나와
고개를 든다
하늘을 본 것은 또 언제였던가
파란 하늘엔 점점이 흩어져
하얀 구름이 느릿느릿 흘러간다

한 번쯤 신발을 뒤집어 보자
하늘을 바라보듯

어깨를 활짝 펴고
심호흡 크게 하고
어제의 그 길을
당당하게 걸어간다

낙서

학교 앞 담장을 오갈 때
낙서에 눈길이 간다
선으로 그어진 그림
비뚤게 쓴 글자 모양들
예전엔 한둘이던 것이
어느 사이 벽을 가득 채웠다

알타미라 동굴 벽에
4만 년 전 그림이 있다
상처 입은 들소
땅에 쓰러진 동물들이
몇 세대를 지나며 겹쳐 그려져
용케도 지금까지 남아 있다

종이에 그림을 그리다 찢는다
흐려진 창에 시를 쓰다 지운다
지나온 시간의 자국들이
마음이 내다보는 창에 남아 있다
비바람과 서리의 잔영이 겹겹이 퇴적하여
닦아도 긁어도 쉽사리 지워지지 않는다

담장에 페인트칠을 하고 있다
흰색 도료를 듬뿍 묻힌 솔 끝에
낙서를 하던 아이들의 마음이 지워져 나가고
하얀 바탕색이 되어간다

생의 어느 자취가 낙서일 수 있을까

크레파스를 손에 들고
재잘대는 웃음들이 지나간다

그날처럼

잊고 있었다
그 이름
불현듯 수면 위로 떠올라
그리움
파도처럼 밀려오네

막차를 기다리던 겨울의 밤
마주 보던 얼굴이
보름달처럼 떠오르던

축제의 둥둥
북소리 울리던
봄꽃은 바람에 흩날리고
아른거리는 현기증으로
바라보던 하늘
풍선은 뭉실뭉실
먼 하늘로 사라져 가고
고개 숙인 뒷모습 보이던

달빛 아래
비틀거리는 몸짓 기대어
얼어붙은 가로등

무릎 꺾여 올려다보는
밤하늘
달빛 흔들려 내리던

그날처럼

잊고 있을까
그 이름

2

그곳에 있었다

그 강아지 아직도

소란하던 발자국들 뜸해지고
어둠이 걸어오는 강변의 산책로
작은 강아지 한 마리 남겨져 있네
행여 지나는 이 있으면
빤히 얼굴 쳐다보고
쫓아가서 또 쳐다보고
맥없이 돌아서네
앞다리 사이에 얼굴을 묻고 웅크렸다가
발자국 소리 들려오면
벌떡 일어나 또 쫓아가고
그 언저리 떠나지 않네
주인이 버리고 갔을까
강아지가 길을 잃었을까
집으로 돌아와서도
안쓰러운 마음 떠나지를 않네
며칠이 지났을까
강변의 나뭇잎 사이로 어른거리는 그림자
어머 쟤 좀 봐
그 강아지 아직도 저기에 있네

난간에 오를 때는

소식 뜸했던 친구로부터
전화벨이 울릴 때
망설이지 마라
비록 그 친구가 물건을 팔 목적 같더라도

직장 동료의 아들이
아파트 옥상에 올라가 떨어졌다
엘리베이터를 타기 전
누구에겐가 전화를 거는 모습이
CCTV에 잡혔다
받지 않는 신호음이
얼마나 길었을까

내가 그 전화만 받았더라도……
그 아들의 친구는 가슴을 뜯으며 괴로워했다

난간에 오르기 전
누구나 한 번쯤 뒤돌아본단다
누구에겐가 한 번쯤은 신호를 보낸단다
자신을 잡아 줄 식은 손길이라도 없는지

죽음보다 깊은 고통 속에서
빠져나올 수 있는 힘은
고통의 무게에 상응하는 기쁨이 아니다
툭 가벼운 어깨 두드림
스치는 바람 같은 말 한마디
그보다 작은 꽃잎의 한들거림이나
풀벌레의 울음일 수도 있다

나의 전화기엔 부재중이 없게 하라
언제라도 한 번쯤
애절한 신호음이 울릴지 모르니
의식의 더듬이 깨어있게 하라
행여라도 누군가
간절한 눈길 보낼지 모르니

승부차기

너와 나, 우리
일면식도 원망을 산 일도 없었건만
물러설 수 없는 막다른 길에서
적이 되어 만났는가

원한의 감정도 적의도
복수의 사무침은 더욱 없지만
원형 경기장의 검투사처럼
칼날을 겨누며 마주 섰는가

허파가 파열되고 혈관마저 말려버린
치열한 전투의 끝
연장전까지 이어졌던 아름다운 무승부
서로의 어깨를 두드리며
악수를 나누고 돌아서야 하건만
세상은 엄지손가락을 세우며 피를 원했다
피아를 구분해 온 원시의 본능으로

심장을 향하여 꿰뚫어 오는
눈빛의 레이저 광선
칼끝의 접점에서는 파르르 불꽃이 일고
끊어질 듯 버티어내는 팽팽한 피아노 선의 파열음

머리끝부터 부르르 온몸을 싸늘하게 타고내리는
누가 이 두려움을 아는가
부서지듯 이를 악물고
긴 숨을 단전에 끌어모은다

그라운드 위에 떨어진
차가운 보름달

날아다니던 휴지 조각이 허공에 정지하고
숨소리도 맥박도
흐르던 시간도 멈추었다
주파수 끊어진 TV와 같은 정지화면
운명의 피리처럼 휘슬이 울린다
온 힘을 끌어모아 활처럼 응축시켜
일시에 놓아버린다
몸속의 모든 파동을 발등에 실으며
폭탄처럼 달려 나간다

번쩍
하얗게 섬광이 일고
세상을 두 동강 내듯 번개가 내리친다

순간
천둥같이 폭발하는 함성
해일처럼 일어나는 환호
로데오의 문이 열리고
쏟아져 나오는
구르고 날뛰며 울부짖는 야생마들

순간
벼락에 맞아 쓰러지는 나무들
두 손에 얼굴을 묻고
무릎부터 접히어 그라운드에 무너지는 병사들
망연자실 허공을 향한 눈동자들
꽃술을 흔들던 두 손을 늘어뜨린 채
벤치로 허물어져 내리는 탄식들

차가운 보름달
걷어차인
경기장 두 쪽 난
너머로
버섯구름이 피어오르고 있었다

봄비 아래서

활짝 핀 벚꽃나무 아래서
비를 피한다

나뭇가지 사이로
꽃잎과 비가 섞여 내린다

비에 젖은 꽃잎을 맞으며
버스를 기다린다

비는 물길을 만들고
꽃잎이 흐른다

비에 끊겼는지
버스는 오지 않고

떨어지는 꽃비 아래서
봄을 보낸다

그곳에 있었다

벚꽃이 막 망울을 헤집고 나오려는 것을
달맞이고개 가로등이
가지들 사이로 비추고 있었다

바람이 불면 둥실 날려갈 것 같은
바다 위 언덕에
조그만 주막이 매달려 있었다

희미한 전등이 목로 위에 흔들거리고
왁자한 웃음들이 잔을 부딪칠 때
창밖을 향해 멈춘 눈길 하나 있었다

먼 바다 위에 보일 듯 말 듯
꺼지다 되살아나는 반딧불 같은
귀항 시간을 놓친 고깃배의 점멸이거나

끈적거리며 외곽선의 자태를 드러내는
밤 모텔의 네온사인처럼
가마득하게 깜박이는 광안대교의 실루엣이거나

유리 벽은 소리 없는 검은 풍경을 비추고 있었다

여전한 그 눈길은 슬퍼 보임을 모르고
찰랑거리는 술잔들이 부대끼고
보름달처럼 둥실대는 마음들이
검은 바깥의 세상을 향하여
그림자로 일렁거렸다

그때 그곳에
있었다

파아랗게 맑은 하늘의 그림자
봄빛의 교정에 내려앉는다
만개한 벚꽃들이
쏴아 하고 바람에 향기를 실어 날리며
하늘을 향하여 흔들어 환호를 보낸다

발걸음 멈추어
파아란 하늘의 여백에 나부끼는 꽃잎을
하얗게 바라보는 이 있다

이를 보는 내가 있다
지금 이곳에

실망 확인

바위 턱에 앉아 숨을 고른다
산 아래로 멀어진 길과 집들이 흐릿하다

갈색의 낙엽들 속에
희끗희끗 종이 조각들이 섞여 있다
찢어버린 영수증 같기도 하다

우디네세 1.5
헬라스 1.5
호펜하임 1.0
E프랑크 1.5

알 수 없는 기호들이다
다른 조각에는

브레멘 1.0
오사수나 1.5
6회차 스포츠토토

누가 여기에 앉았다 갔을까
누가 이 깊은 산속까지 와
애써 확인하였을까
찢겨질 실망을

산에 오르기까지는
부적처럼 바램을 품고 있었으리

갈기갈기 조각난 마음들이
낙엽 위에 흩어져
바람과
햇볕에 바래고 있다

회귀

혼자라면 이 길을 택했을까
흐르는 물을 거역하는 이 길을
내리는 빗줄기
세차게 부는 바람의 각도
중력마저 흔들어 거역하는 이 길을

흐름에 맡긴
모든 것을 쓸어내리는 거대한 강줄기
그보다 멀어야 닿을 수 있다
그보다 빨라야 오를 수 있다
거스를 수 있다

하얗게 부서져 쏟아지는 폭포
굉음마저 끌어내리는 물길의 낙하
비늘 떨어지고 지느러미 찢겨도
꼬리와 몸통을 퍼덕여
물안개를 헤치고 피어오른다
떨어지는 모든 것을 거부한다

돌아오지 않을 여정
생의 끝맺음을 향한 길
무엇이 이 길을 택하게 하였나

길이 끝나자
비로소
하늘을 향하여 눕는다
등줄기를 바닥에 대자
곧 물결 따라 흔들린다
결코 떠내려가지는 않는다

연어의 몸은 천천히
강을 적신다

바닷가에 서서

아득한 시간 저 편에
잔잔한 물결이 인다
잊혀진 기억 속으로
햇살이 내린다
물결에 부서지는 햇살
조각난 상처가 되어
깊이 모를 심연 속으로 침잠한다
아련한 기억의 밑바닥
켜켜이 울음으로 쌓여간다

강물처럼 먼 길을 돌아와
눈길 머문 바다 위 어느 하오
파란 하늘이 내려앉아
따스한 숨길을 보낼 때
꼬리를 흔들며 솟아오르는
먼 기억의 파편들
하얀 속살을 뒤집으며 반짝인다

까아만 밤이 내리고
하늘로 피어오른 물결의 속살들
별이 되어 반짝인다
파도 소리를 베고 누운 모래밭

별이 쏟아져 내린다
온몸으로 별을 감싸 안은
가슴속으로
기억의 강물 흐르고
그리움의 물결이 파도쳐 온다

발끝에서 이어지는
바다 너머
폭풍의 눈이 뜨이고
거대한 너울이 일어나고 있다

숲속에서

소나기 그치고
바람이 숨죽인 숲속
가만히 발을 내딛다
후두둑
빗방울이 떨어진다
아차 발을 멈추고
숨죽여 서 있어도
이미 늦었다

나뭇잎 하나에 실려있던 빗방울
떨어지며 일으킨 미세한 바람
연달아 퍼져나가
온 숲의 나뭇잎을 건들고
쏴아아
숲속엔 한바탕 빗줄기가 지나간다

잔잔한 연못에 돌을 던져
동심원의 물결이 퍼져나가듯
무심한 인기척 하나
온 숲을 뒤흔들고
잎이 품은 빗방울 일시에 쏟아낸
숲은 고요했다

해 저무는 저녁에

해 저물어
가네

노을 넘어
오네

밤이 길어
가네

잡은 손
놓네

등이 멀어
지네

가을
여름
겨울

그에 따라
머네

봄

마라톤의 시원

맑은 시냇물 소리에 잠을 깬다
목이 마르다
숙취는 무거운 돌처럼 머리를 누르는데
와아 하는 함성과 박수 소리에
비틀거리며 창가로 다가선다

아시안게임의 마지막 날
생각지 못한 여자 마라톤
그 장면이 집 앞을 지날 줄
추스를 틈 없이 길가에 내려선다

뜨거운 태양 아래 아스팔트 도로는
아지랑이처럼 아른거리고
타박거리는 발자국의 리듬
넘어가듯 헐떡이는 숨소리
길가에 선 군중의 어깨너머로 들린다

띄엄띄엄 뒤처져 달리던 주자들
모두 지나가고
늘어섰던 사람들도 하나둘 흩어져
거리엔 휴지 조각만 바람에 날리는데
흐리멍덩한 의식을 가누며 돌아서던 순간

나는 보았다
망막 속으로 조금씩 차오르며
멀리서 다가오는 꼴찌 주자를

햇볕에 녹아내려 꿈틀거리는 차선 위로
휘청거리며 쓰러져오는 전신주들
침목처럼 하나씩 밟으며 달려와
코스모스처럼 한들거리는 주자는 뒷모습을 보이며
점이 되어 멀어져 갔다

그제야 알았다
세상에서 가장 아름답게 보이는 것은
달리는 이의 뒷모습인 줄을

초라한 나의 그림자는
한참 동안 그 자리에
돌이 되어 서 있었다
고개를 떨구며 되돌아설 때
힘없이 나를 따르던 그림자는 어느새
흐느적거리며 달려가고 있었다
점이 되어 멀어져간 아지랑이 속으로

사다리 병창

하늘을 오르는 치악산 비로봉
구름 사이로 열린 길
공룡의 등뼈 같은 바위 끝 돌계단
미끄러진 돌조각
비명도 지르지 못하고
끝닿는데 모를 아득한 낭떠러지

불면의 밤을 새우던 날
무슨 기별로
천 리를 달려와
후들거리며 여기
벼랑에 섰는가

물도 바람도 기억치 못하는
먼 시간의 저 편
하늘에 전할 애절한 마음
그 누가 발자국으로 남겼는가

깨어지고 부수어진
비와 바람의 영역에서
천둥과 벼락의 시간을 견디어 온
하늘에 걸친 사다리

노을이 지고 해가 지고
다시 아득한 시간이 흘러
벼랑 끝의 이 애절함
기억해 줄 이 누구일까

그들이 있었다

생각을 멈추어도
마음을 끊어도
실타래처럼 엉키어 온다

머릿속을 가득 채워
풍선처럼 차올라 터질 것 같다

벌떡
눈을 뜬다
아무도 없다
아무것도 없다
사위는 어둠으로 고요하다

머릿속엔 무엇이 있었는가
등줄기는 땀으로 흥건하다

어제가 있었다
내가 있었고
네가 있었고
그들이 있었다

다시 누우나
머릿속은 또 헝클어진다

내일이 온다
그들이 오고
내가 오고
네가 온다

무한의 수레바퀴 속에서

강가에 서 2

강물 위로
해그림자 지나간다

산그림자
강물 위로 걸어온다

어둠은 어느새
눈앞에 다가와
까맣게 드리워 있다

시야가 가리자
귀가 열린다

이제야
강물이 흐른다

잊은 듯
시간이 깨어난다

3

별이 빛나던 밤

별이 빛나던 밤에

통금을 앞둔 밤거리는 시렸다
허리춤을 추스르며
가로수에 기대어 바라보던 까아만 밤하늘
붓으로 뿌려놓은 하얀 점들 같은
별들이 흔들렸다

순백으로 빗어넘긴 훤칠한 이마
TV 화면 가득
가요무대
여유로운 미소 지으며
노년의 신사가 노래를 한다

머나먼 하늘 위에
별들이 빛나던 밤……

아렴풋한 겨울의 밤거리
보도를 쓸어가는 바람처럼
발목을 휘어 감으며 퍼져오는 안개처럼
들려오던 노래
레코드방 쇼윈도 앞에
비틀거리던 기억은
걸음을 멈추고
하염없이 바라보고 있었다

너와 내가 맹세한
사랑한다던 그 말……

흑백 TV 속에
헐렁한 청바지
장발의 머리카락을 흐느끼며
깡마른 젊은이가 노래를 부른다

별빛 따라 흘렀네
유성처럼 사라져 버린……

단정한 슈트가 어울리는
주름살도 없이 곱게 늙은 이
노래를 부른다

그리워요 사랑해요……

가요무대
막을 내리며
윤항기는 손을 흔들고

창밖을 내다본다
아파트 건물의 숲 사이

짙은 감색의 밤하늘
혜화고 여학생의 치마 색 같은

아련해지는 기억
노랫소리는 끊어질 듯 가물거리고
통금의 시간을 따라
흐느적이며 멀어져가는 나의 발자국 소리

별이 빛나던
별이 빛나는
밤

이날

해마다 이날이면

이곳에 왔었다

이곳에 올 때면

한참을 서 있었다

그냥 서 있으면

마음이 전해질 것 같았다

이날이 와서

이곳에 서 있다

해마다 이날이면

이곳에 서 있었다

그곳 너머에

알 수 있다
눈에 보이지 않아도

손으로 만져지지 않아도
귀 기울여 들리지 않아도
나는 안다

네가 있음을

가고 머무름
만나고 헤어짐

너는 모르네

알지 못하여
잠 못 이루고
가슴 앓는다

꽃잎의 연정

긴 겨울 언 가지에 숨 붙어
잉태를 꿈꾸어 왔던가
푸른 잎보다 먼저
꽃잎부터 피우는 성급함은

상실의 예감 앞지르려는 것인가
하얗게 하늘을 가리고 꽃가지를 흔들어
무더기로 피어나면서도
연신 꽃잎을 떨어내는 것은

꽃망울 폭죽같이 터지고
하얗게 흩어져 바람에 날리네
다하여 꺼질 때까지
불꽃 피워올리는 모닥불같이

꽃이 피고 꽃잎이 지는데
부푸는 연정 격정의 순간 있었겠지
눈 내리는 하얀 꽃잎 아래서
안타까운 연인의 시간
버스를 기다리네

이별을 싣고 가네
길 위의 꽃잎들
바퀴를 휘감으며 따라가네

십 리 벚꽃 가로수
하얀 눈보라를 일으키며
소실점이 되어 멀어지네

바람에 흩어져 날려가네
봄날의 연정은

아름다운 머릿결

아름다운 사람이었다
언 마음도 녹이는 따뜻한 사람이었다

치렁치렁한 금발에
가녀린 여자의 얼굴이었다
그녀는 순수하였다

질투는 순수를 증오했다
순수는 상처 입을 때마다
머리카락을 뱀의 머리로 자라게 하였다
찰랑거리던 머릿결이 모두 뱀의 머리로 바뀌었을 때
의도치 않은 복수가 시작되었다

물에 비치면
물은 얼음이 되어 쩡쩡 갈라졌다
그녀를 보는 이는
누구라도
얼어붙어 돌이 되었다

머리카락에 가려진
그녀의 모습은
가날프고 아름다웠다

그녀는 순결하였다
증오와 질투의
무수한 머리카락들이
그녀를 내몰았다

잘려진 메두사의 머리는
적의가 없었다
순수한
그래서 차가운 얼음 같은 미소를
아름다운 머릿결 속에 남기고 있었다

페르세우스 그는 몰랐다

노란 리본의 초혼招魂

대답 없는
방파제 위에서
너를 부른다
돌아오라 돌아오너라
춥고 깊은 바다 아래서
어서 나오너라

지붕 위에서 망자의 이름을
애타게 부르듯

땅을 치며 구르고
몸서리치며
내 딸 내 아들
통곡은
수면 위로 번져나가
메아리도 없이 사라질 뿐

멀미하듯 기우뚱거린다
바다는

구름과 함께 수평선으로
노을 지듯 사라져

미동도 없이
무심한
고요

어디에서
일렁임은 거듭되는지
밀려오는 파도

발끝에서 부서지고
흰 거품을 내뿜으며
까무러칠 뿐

무심한
고요

꽃 1. 2. 3.

1.

자세히 보지 마라
부끄럽다
식물의 생식기관을

2.

향기를 맡지 마라
민망하다
절제된 유혹을

3.

꺾지 마라 함부로
서글프다
어떻게 피어난 꿈인데

꽁초는 너에게

하늘을 향해 흔들던
푸른 꿈이 있었다
빗방울에 몸을 떨던
그리움이 있었다
탈수한 잎사귀로 분쇄되어
하얀 종이에 말리기 전까지

머리에 불이 붙을 때
불꽃의 의지는 속으로만 번졌다
연기를 내지도 못했다
뜨거워진 체온마저 안으로 향했다
점멸하는 등댓불처럼 느릿하게 깜박이며
타인의 손가락 사이로 타들어 갔다
온몸을 불태웠지만
재마저 털리어 바람에 흩어졌다
손가락 끝이 뜨거워질 무렵
길바닥에 던져졌다
아직도 남아 있는 불씨를 품은 채

누군들 화려하게 불타오르고 싶지 않ㅇ. . .

항변할 틈도 없이
발바닥에 비벼 꺼진다

묘지 공원

겨울의 잔설이 웅크려 밤을 지샌 곳
까치 소리에 눈을 뜨는 아침 햇살
설빔을 차려입은 사람들이 찾아들고
무덤들이 누워서 그들을 맞이한다

오가는 차량들이 뒤엉키며
호각 소리 어지러운데
줄을 지어 몰려오는 사람들
그보다 많은 회오와 애환들이
오와 열을 맞추어 누워있다

논둑길을 걸어가듯 점점이 이어지는 행렬
저마다의 무덤을 찾아서
음식을 차리고 절을 한다
꽃을 심고 잔디를 다듬는다

솜사탕을 손에 든 아이들이 깔깔거리고
리어카 장수의 손놀림에 신바람이 묻어난다
하늘은 파아란 여백
손을 떠난 풍선이 둥실거린다

해그림자 산을 넘어가고
묘지는 어둠에 묻힌다
망자의 한숨처럼
바람이 분다
밤이 내린 묘지에는
바람이 산다

모창模唱

나훈아보다
노래를 잘했다
행사장에서는
나훈아보다
많이 찾았다
많이 불렀다
지 노래는 없고
나훈아만 불렀다
모두가 나훈아보다 더 닮았다고 했다
소싯적 음반을 내었으나 팔리지 않아
이후 모창 가수 내훈아로 살았다
나훈아는 만난 적도 없었다
고향이 충남이었다
서산 장터 의료기 체험행사장
전속 가수로 낮에는 노래를 하고
형님 한 잔만
딱 한 잔만 더 하입시더
숙직하는 관리인 오야지와
밤을 지냈다
풍채 좋은 오야지는
매번 졌다
그래 이 나이 먹도록 내가

남한테 지는 건 못 참고 살아왔는데
딱 니한테 두 가지
술하고 노래는 못 당하겠네
하하 형님
형님 칠순은 이미 지났으니
팔순 행사 때는 내가 꼭 축가를 불러줄게요
그놈 그렇게 큰소리 쳐 샀더니만
끝내 오지 않았지
그는 간암으로 죽었다
복대를 허리에 차고도
행사장에서 찾을 땐 마다않고
노래를 부르다 죽었단다
내훈아
그의 이름은 홍갑석이었다
죽고 나서 제 이름이 밝혀졌다
나이는 한참 아래였지
나훈아 노래가 나올 때면
오야지는 되뇌곤 하였다
내훈아 그놈의 자슥
약속도 안 지키고 끝내……

별빛은 밤바다에

파란 하늘 어느새
어둑한 그늘을 짓고
해는 산 너머로 달아나
날이 저물어 가네
하늘의 어두운 그림자
장막처럼 땅 위로 내려앉아
세상은 암묵으로 물들어가네
하얀 파도 꿈결같이
머리맡으로 밀려오던
먼 밤의 바다
깊은 심연 속에서
물을 길어 올리고
나무는 물관을 타고 흐르는
원시의 바다 내음에
온몸을 떨었었네
까아만 어둠 너머에서
밀려온 파도는
넘실넘실 바위를 넘고
모래언덕을 넘고
잠 못 이룬 밤의 경계를 넘어
언제나 철썩이고 있지
그날의 밤바다

지금도 마음속에
별을 쏟아 내리고 있지
파도는
어느덧 한 해의 고개를 넘어
검은 바다 위 하얀 물결 내뿜으며
밀려오고 있네

강가에 서 1

흐르고 흘러가네
발을 담그면
강물은

흩이고 흩어져 가네
손을 내밀면
바람은

알고져 알 수 없네
온 몸을 던져도
시간은

홀로 이 강가에
서 있네
그날의 노을이 기우네
먼 기억 속 그날의 바람
갈대밭에 서성이네

사라져라
목 놓아 떠나 보냈던 울음
해 지는 그 강물 위로
안개처럼 피어나네

모르겠네
어디인지 어느 즈음인지
흔들려 흔들리어
발길 휘청이며
닿을 곳 모르고 서 있네

강물 위로 번지던 안개
노을에 물들어
밀려오네 아득히

무너져 내리네
누구인가

무너진 둑

둑이 무너져
개울에 처박혀 있다
지난 여름부터였나 보다
언제나 오가면서도
치우지 못한 쓰레기처럼
무더기로 쌓여 있다

얕은 물은 아직
계절의 잔재를 지우지 못했다
큰물이 넘치면
남은 둑도 무너져
물길이 바뀔 것이다

물은 졸졸거리며
무더기를 핥으며 지나간다

무너져내린 이탈의 서러움과
되돌릴 수 없는 좌절과 회한들이
조금씩 씻기어
떠내려가고 있다

4

소는 모른 척

굴비

줄줄이 엮이어
같은 곳을 바라본다

바다를 향한
그리움일 것

반쯤 벌린 입
감춘 듯 드러낸 가지런한 이빨

바다에서 건져진
분함만은 아닐 것

허공에 매달려
말라가는 꿈
파란 하늘에 백여 버린
별 같은 눈동자들

두 손에 받들리어
살점을 뜯겨도

변함없을 것이다
그 눈길

서리

서릿발은
바람을 향하여 핀다
흔들리는 나뭇가지에
육중한 바위의 예각에 의지하여
바람을 맞받으며
날카로운 칼날을 뻗는다

우 우
산 울음마저 얼어붙은
검은 동토의 밤
심장이 얼고 혈관이 파열되어도
온몸으로 날을 세워
서리는
바람을 벤다

동결의 추위를 몰아오는 바람은
생존의 숙명
휘몰아치고 회오리칠수록
결빙의 고통이 뼛속까지 저미어들수록
오직 칼날을 더 세워야 할 뿐
얼어간 생명들이 남긴 입김을 모아
울분의 체적을 덧붙여 가야 할 뿐

따스한 햇살이
손길 내밀기까지는

꽃의 정물

장미꽃이 다발로 묶여 바구니에 갇혀 있다
붉고 노란 똑같은 얼굴들이
병상을 바라보고 있다
쾌유를 기원합니다
인쇄체의 리본이 넥타이처럼 묶여 있다
유리병이 쇠 대롱에 거꾸로 매달려
방울방울 타액을 흘려보내고 있다
분무기로 뿌린 눈물이 꽃잎을 타고 흘러내린다
하얀 깁스를 통째로 한 다리가 병상에 걸쳐 있다
눈가에 멍이 든 막대 형광등이 흐릿하게 벽을 밀어내고 있다
없어진 뿌리를 알아채는 데는 시간이 걸렸다
모르는 사이에 서서히 꽃잎이 닫히고 있다

낙화

가로수 하얀 꽃잎이 눈처럼 날려
시내버스가 헤엄치며 달린다
차창에 부딪혀
쉼 없이 흩어져나가는 꽃잎들

힘겹게 언덕을 올라
꽃잎이 멈추고
문이 열린다
꽃의 향기가 차 안에 퍼진다
뒤돌아보지 않아도 안다
버스에 오른 이가 누구인지를
지금껏 꽃비를 맞으며 기다리던

하얀 꽃잎은
하늘거리며 내려앉아
바람 따라 쓸려 다니고
버스는 꽃잎의 물살을 헤치며 나아간다
익숙한 사거리를 돌아
기우뚱하고 버스가 멈추었을 때
뒤돌아보지 않아도 안다
내린 이가 누구인지를
차 안의 향기 거두어 가버린

내리지 못한 버스 안에서
눈을 감고 바라본다
꽃잎으로 발목을 적시며
꽃비에 젖으며 걸어가는 이를
꽃잎들 떠나보내는 가로수 아래로

소는 모른 척

소한 추위 갓 지난
햇볕 바른 앞마당
가엔 눈 얼음 남아 있고

푹신한 짚 속에
네 발 무릎 앉아
코가 까만 우리 집 송아지

한참을 보고 있어도
먹는 것은 없는데
쉼 없이 씹고 있다

새 풀을 집어
입 앞에 갖다 대도
소는 모른 척

먹는 것 없이 하루 온종일
무언가 씹고 있다
코 까만 우리 송아지

항아리

뜰 한 구석
항아리 입을 벌려 비를 맞는다
잡풀 속에 섞여
코스모스 몇 줄기 피어있다

날이 개자
항아리는 하늘을 담아
푸른 물결이 찰랑거린다

항아리는 속이 깊다
해님이 비치고
코스모스 한들거리고
고추잠자리 졸고 있다

항아리를 들여다본다
물에 비친 얼굴 뒤로
푸른 하늘
뭉게구름 떠 간다

배달

택배가 와 있다
누가 보냈을까
아이스박스로 잘 포장된
선명한 붉은 빛의 쇠고기
냉기 피어오른다

무심히 보내고 맞는다
흐르는 시간
흐르는 강물처럼
늦은 해에
그늘이 길어져 온다

창밖의 거리엔 밤이 더디고
어디로 가는지 무심한 군상들
종종걸음이 물결을 이룬다
팽팽한 육감
실룩거리는 욕망들이
물결의 시원을 알 바 아닌지
쓸려 다닌다

거리는 풀밭이다
어디서 어떻게

살찌워지다가
어떤 물결에 쓸려 왔을까
이곳까지

배달 상자
헐지 못하고 있다

거미에게

아침마다 마당을 쓸다가
비를 들어 거미줄을 걷는다

대문에도 창틀에도
마당을 질러서도
어디에나 걸려있는 거미줄
얼굴이나 몸에 닿아
끈적거림은 거북하고
떼어내기도 힘들다

매일 걷어내도 거미줄은
언제나 아침이면
같은 곳에 쳐져 있다

비를 들었다가 잠시 생각에 잠긴다
아, 거미줄은
거미의 집이었구나

나는 이 집에 갇혀 사는 몸이다
집은 팔리지도 않고
흔한 재개발도 되지 않고
그런다 한들 그 돈으로
대신해 마련할 집이 없다

그러하니 거미여
매일 헐리는 이곳에다
수고로이 집을 짓지 말고
자유로운 그대가 이사하길 바란다

검정 고무신

매일 가던 학교길
지난밤의 비로 내가 불어나
징검 돌다리 머리를 남실거리며
물이 세차게 흘렀다
조심히 내딛었는데 그만
발에서 벗어진 고무신 한 짝
물살에 휩쓸려 떠내려갔다
고무신은 코를 들고
잠겼다 솟기를 여러 번
건져낼 틈도 없이 애타게 바라보아도
이내 다시는 솟지 않고
누런 흙탕물만이 거품을 뿜으며
흘러갔다
고무신은 어디까지 떠내려 갔을까
냇물은 고무신을 삼키고 어디로 흘러 갔을까
한쪽 발을 절름거리며 학교를 가는 내내
어린 마음속에서 고무신은 자맥질을 하고 있었다
여름이 거듭 가고 오고
장마가 져 내가 불어날 때면
떠내려가던 고무신이 가물거렸다
내를 건널 때마다
언제나 한발은 맨발
한쪽 발에만 신고 있는
검정 고무신

고추잠자리 1

푸른 하늘을 떼지어
어지럽게 오간다
한여름의 땡볕에
꼬리가 익어 빨갛다
검지손가락을
하늘에 세워 올린다
지친 한 놈이 내려앉아
살며시 꼬리를 수그린다
쉬려나 보다
다른 한 손의 의도를
모르나 보다

고추잠자리 2

하늘로 이어진 끈
연을 날리듯
바람을 타는 것은 모두
날려 보내고 싶은 걸까
풍선을 놓친 듯
아이는 허공을 바라본다
고추잠자리 하늘로 날아간다
빨간 꼬리에
하얀 실을 매달고

고추잠자리 3

하늘을 향해 팔을 치켜든
나뭇가지에 거미줄 쳐져 있고
너머로 보이는 푸른 하늘
잠자리 걸려 허우적댄다
날개를 파닥일수록 조임은 더해가고
구원은 오지 않는다
힘이 빠져 미동이 잦아들 무렵
어디서 제비 한 마리 날아와
하늘로 물고 간다
꼬리가 빨간 고추잠자리

반딧불 1

불빛을 잡았다
어두워 형체는 보이지 않았다
손안에서도 불은 깜박였다

손을 펴자
불빛은 허공을 날아
무리 속으로 들어갔다

어둠은 고요하나
움직이는 불빛으로 소란하다
불빛은 개체이나
제 모습은 없다
애를 태운 빛으로
존재를 항변한다

온도 없는 차가운 불빛
밝은 정도와 점멸의 간격으로
공조의 신호를 밤하늘에 보낸다
애타게
짝을 부른다

반딧불 2

푸른 밤하늘
은하수로 번져 흐르다
떨어지는 빛의 비

검은 땅의 침묵
참다못하여
하나둘 드러내는
푸른 깜박임

풀잎에 빗방울 구르듯
어둠 속 떠다니는
별에 젖은
빛의 구슬들

암중暗中

모색摸索하지만
너희들은 모르는구나
잠든 척하지만
눈과 손이 얼마나 본능적인 줄
모르는 사이에도

훔쳐보는 하얀 살결
맞아 죽더라도 입 맞추고 싶은 보드라운 촉감
어두움 속에서
본능적 탐색
은근의 모색
아는 이 없겠지
보는 이 없겠지

이대로 아무도 모르게
붉은 욕망의 피로 배를 부풀리도록
뒤돌아볼 필요없이
미련 없이 떠나도록
그냥 두면 좋으련
……만

너희들은 몰랐다
손의 재빠름을 너무 몰랐다

찍소리도 못한 채
붉은 피 맨살 위에 번졌다
촤악
에잇 이놈의 모기

등원 풍경

이보다 슬픈 이별이 있을까

아파트 입구에서
노란 승합차가 시동음을 높인다
차창에 붙어서서
젊은 여자들이 손을 흔든다
움직이는 차를 따라 뛰며
창문을 두드린다

남은 여자들의 수만큼
아이들을 태우고
노란 차는 떠났다
맥이 풀린 모습들이
서로를 돌아본다

노란 차는 정차의 흔적도 실어갔다
이별의 여운도 싣고 떠났다
어느새 제비처럼 조잘대는
단파장의 음역이 공간을 채운다
오후를 기약하며 하나둘 흩어져 가고
남겨진 말들이 귓전에 흩날린다

몇 평에 살아요……?

겨울을 남기고

파랗게 얼어붙은 하늘
낮달은 매운 마늘 같은 반쪽
멀리 하늘이 내려앉아
나신으로 배 내어 누운 지평
서린 입김 뿜어내며
겨울을 밀어낸다

얼음장 아래 물이 쫄쫄 흐르듯
동결된 대지의 실핏줄이 트이고
웅크려 숨죽였던 땅속의 마음들이 풀려나
아지랑이로 흔들리며 피어오른다

진분홍의 입술이다
여럿이 함께 부르는 꽃술들의
붉은 유혹이다
와 와 아우성이 꽃망울을 터뜨려 날린다
꽃잎은 부푸는 설렘으로 피어나
가는 곳 모르는 바람에
몸을 싣는다

5

시공간의 흔적으로

구원救援

신은 아직 태어나지 않았다
신은 죽었다고 말한 자
그는 죽었다

신은 알 속에 있다
알은 어디에 있는지
암흑물질에 갇혀있는지
웜홀 속을 유영하고 있는지
사건의 지평선에 걸쳐있는지
모른다
알은 어디에선가 성숙하고 있다

나고 죽음
시작도 끝도
가는 곳 모르고
무상 속에 피고 지는데
아직 신이 태어났을 리 없다

생명의 유전
그 무한의 반복 끝에 진화의 완성으로
신이 태어나기를
무수히 스러져간 인과의 생명들에게
구원을 주기를
태어날 신을 향해 기도한다

풍화風化 2

밤하늘을 떠돌던 외로운 영혼이었다
시공時空도
성주괴공成住壞空의 수상행식受相行識도
연기緣起의 기약도 없이
깜깜한 어둠 속을

작고 푸른 별을 만나
낙하를 시작하였을 때
그동안의 지친 체적은
까맣게 타들어 가며 산화하였고
누르던 침묵은 울음이 되어
푸른 불빛으로 꼬리를 끌며
긴 궤적을 남겼다

이제는 잊어다오
찾는 이 없이 잊혀버린 고혼
물과 바람에 씻기어
봉분의 흔적마저 없어진
오래된 무덤가에 누워있으니

한때는
스치는 옷깃과 일렁이는 바람에도

애락哀樂하는 생명이었으리
이곳에 묻힐 때
밤하늘엔 어떤 별이 떨어졌을까

좌표를 추적하며
찾지 말아다오
낙엽과 뭇 사체의 부식토
그 위에 뿌리를 내린 초목에 묻히어
풍수화風水火에 몸을 맡긴 채
조용히 흙으로 환원하고 있으니

아직도
별빛 푸른 밤하늘이면
빗금을 그으며 하강하는
슬픈 여운餘韻이 있다

시공時空의 흔적

무심히 발길 멈추어지는 곳 있다
어디에서든
흔적이 느껴질 때 있다

멍하니 생각이 멈추어질 때 있다
어느 순간이나
하얗게 머릿속이 비워질 때 있다

발자취의 기억이
감정들의 잔영이
언제 어디서든 묻어난다

생각한다
나는 나인가
불면의 밤이 이어질수록
번뇌는 깊어간다
기억의 흔적들을 더듬어간다
너는 너인가

스쳐가는 바람
희미한 햇살
기억의 흐름이
존재를 일깨운다

먼 하늘을 바라보다
먼 기억을 떠올린다
지나간 시간과 기억들이 운집하여
지금을 이루어 오고

지금은 다시
시간과 공간을 밀어내며
흐르고 흘러간다

파장波長

파도의 한 점
어디서 일렁거려
온 바다를 철썩이고 있을까
바람의 한 숨
어디서 터져 나와
온 세상을 펄럭이고 있을까

나의 한 걸음
생각 한 줄기
미세한 파장으로
바람과 파도에 공명하고 있다

별의 탄생과 소멸
흐르는 시간
멀어지는 공간 속에
나로 인한 파장은
언제까지 남아 있을까
어디까지 퍼져 나갈까

밤하늘을 흐르는 은하수
독수리 성운 창조의 기둥
그 너머 어느 행성에
파장으로 응하는 이 있을까

구름 걷힌 밤하늘
쏟아지는 별빛을 맞으며
오늘도
뫼비우스의 띠를 걸어간다

해인海印

샘은 고요하다

깊은 산속 정적에 묻혀
바람인지 기압인지 온도인지
미세한 어긋남이 있고
물줄기가 시작된다
넘치기도 스며들기도 하며
낮은 곳으로 흐른다
샘물은 모여서 시내를 이룬다
시내는 강이 되어 들을 지난다
강은 물살을 일으키고 바다를 향한다
바다의 초입은 붐빈다
바다는 소란하다
끝없이 펼쳐지고 쉼 없이 파랑이 일고
파도는 울부짖고 물거품을 내뿜는다

바다의 속은 고요하다
바다에 샘물이 모여 있다
어찌하여 샘물의 고요함이
바다의 표면을 뒤흔들고 있을까
미세한 샘의 파장이 바다를 향해 흘러오는지
바다의 풍파가 강물을 거슬러 샘으로 이어지는지

바람에 나뭇잎이 흔들리고
꽃잎은 흩어져 날아간다
뿌리는 고요하다
불같은 분노가 일어도
견딜 수 없는 슬픔이 흔들어도
마음속에 고요한 바닥이 있다

바다는 고요하다
스스로 그러하였던
바탕 그대로

세렝게티의 변辯

지하철 환승장에서
인파에 떠내려가다
잠이 깨었다
나는 누우 무리 속에서 풀을 뜯는 얼룩말이었다

사자가 늙고 병든 누우를 사냥할 때
무리는 평온했다
동료의 살점이 뜯기는 것을 보면서
안도의 한숨을 내쉬며 풀을 뜯었다
하이에나 무리가 주변을 서성거렸지만
곧 사자가 먹고 남긴 찌꺼기를 향해 떠났다
동료를 잃은 덕에 한동안 초원은 평온했다

오늘은 갓 젖을 뗀 새끼 얼룩말이 물려 갔다
누우도 얼룩말도 태연히 풀을 뜯는다
되새김질을 하면서
다음은 내 순서가 아니길 바라면서
내 차례는 영원히 오지 않을 것처럼

어떠한 경우라도 나여서는 안 된다
제발 내 이름이 불리지 말기를
지하철 환승역의 미로를 허덕이며
출구를 찾지 못하는
나는 오늘도 잠을 이루지 못한다

추념追念

돝골, 어신리
수리재로 분가했던
시간들이 한 방에 모여 앉아
병풍 뒤
시간들을 추억한다

산과 들
바다의 생 거두어 와
차려진 제상
공간을 더듬어 피어오르는 향
정지해 있다

멈추어 멀어져가는
지난 시간에 대한 재배는
대물림해 온 유산
퇴주잔에 고인이 남긴
회한들을 나누어 마신다

병풍 걷힌
빈 방
먼지처럼
남겨진 시간들이 쌓여간다

오늘

해지기 전
집으로 돌아왔다

오늘은
아무 일도 없었다

행운의
날이었다

병

불치의 병을 타고났다
병명도 모른다
태어날 때부터 시한부의 생명
언제 죽을지 모르는

누구나 한두 가지 병이 있겠지만
이 병은 심각하다
현대의학으로는 절대 고칠 수 없는
어떤 명의도 어떤 의료기술로도
절대 불가능한 불치의 병
미래의 의술에도 전혀 기댈 희망이 없대서
더욱 심각하다
허무하다 이 병에 집착하여
그동안 얼마나 좌절과 절망을 거듭했던가

그나마 다행인 건
금방 죽지는 않는다는 것
병을 다스리기에 따라
여명을 다 할 수도 있다는 것
병명을 찾는 데 오래 걸렸다
너무 많은 시간을 허송했다
깨어 보니 그 이름은
인생

마음

주전자의 물이 끓는다
김을 내뿜어 뚜껑이 들썩인다
난로 위에 물이 끓는다

마음이 끓는다
열을 받아 몸은 붉게 부풀어 오르고
증기 같은 가쁜 숨을 내쉰다

사람의 눈길과 음색
사람의 몸짓이
시간이 지나도록
마음의 어느 곳에 새겨져 있었던지
보글거리는 한순간의 생각이 스쳐
순식간에 끓어오른다
식힐 수가 없다
홍수에 불어나 둑을 넘는 강물처럼
흙탕물로 솟구치며 범람한다

어떤 마음이 이토록 깊은 곳에서
마그마처럼 웅크려 이글거리고 있었는지
한번 끓어오른 마음은
분출하는 화산처럼 멈출 수가 없다

폭풍우 몰아치는 갯가에 선다
바람으로 머리를 감고
빗물로 몸을 씻는다
가슴을 치며 포효한다
끓어오른 마음은 바다의 밑바닥을 뒤집어
해일이 되어 밀려온다
파도가 끓어오른다

바다는 뜨거운 사막으로 변했다
마음은 분노로 용해되어
남김없이 증발한다
보이는 것 느껴지는
모든 것 연기로 날아가고

까맣게 부서지는 한때 마음을 실었던 몸
재먼지로 흩어져 사막으로 불어간다

물이 닳아버린 주전자
난로 위에 녹아내린다
피아가 전멸한 폐허의 전장처럼
검붉은 열기 피어오르는 사막
분노는 아직 불꽃의 잔영으로 너울거린다

낙하

떨어지는 것은 땅에 닿기 마련이지만
짧으나마 그때까지 시간은 있다

눈에 보이는 것에는 거리가 있다
닿으려면 시간이 걸린다

삶은 그 끝을 눈으로 볼 수는 없어도
언젠가 그곳에 닿을 것임은 안다
그리고 그리로
가고 있다

뛰어내리길 두려워 말라
떨어지는 동안
그만큼의 시간이 있으매

시간은 의식이 느끼는 것
흐르지 않아 길고 짧음도 없어
분별도 없는 것

삶의 여정은
떨어짐과 닿음 사이
가없는 시간과 공간 속에 있는 것

산 위에 서서

해가 떠나니
어둠이 스며온다

멀리 보이는 마을에
하나둘 켜지는 호롱불
어렴풋이 깜박이는 별빛 같은
희미한 저항
어둠을 밀어내지 못한다

구름이 내려앉는다

거스를 수 없는 무명이다
보리수 아래 자리를 튼다
여명을 기다리며

무한의 시공 속으로 너를 보낸다

한없이 작아진다
0을 향해 다가가나
끝내 0에 이를 수는 없다
1을 쪼개고 또 쪼갠다
아무리 해도 0을 만들 수는 없다

한없이 커진다
무한대를 향해 다가가나
끝내 무한대에 이를 수는 없다
1에 1을 더하고 또 더한다
아무리 해도 다시 더하지 못할 숫자는 없다

무한을 무한히 쪼개도
무한을 무한히 합해도
한없이 작아지고
한없이 커진다

우주는 무한히 펼쳐 있다
무한히 팽창하고 무한히 수축한다
끝내 닿을 수 없는 무한대
끝내 이를 수 없는 무한소

시간의 처음과 마침이 있을까
공간의 시작과 닿음이 있을까
무한의 시공
무한으로 펼쳐지는 과정
순간 영원 찰라 겁
모두 무한 속에 들어 있어
인생도 그 속에서 무한의 일부인 걸
태어남과 죽음
생의 일어남과 다다름이 있을까

무한이 무한 속에서 소용돌이친다
여의어 멀어진 사람 떠나간 인연
모두 무한 속에 있다
잃은 것도 당한 것도 무한에 들어 있다
다시 만날 인연 무한히 있고
무한히 만날 인연 무한히 있다

잠을 설치면 밤이 길다
마취 후 깨어나면 지난 시간은 순간이다
의식이 끊어지면
시간의 흐름 깨닫지 못한다
영원도 순간이다

봉분 무너지고 상전벽해 되어도
태양의 붕괴
블랙홀이 은하를 삼켜도
순간은 영원과 같다
무한이 무한히 이어진다

무한에 무한을 더해도
무한에 무한을 곱해도
무한에서 무한을 감해도
무한을 무한으로 나누어도
무한이 남을 뿐이다

무한 속에서 무한으로 지고
무한 속에서 무한으로 일어난다
고집멸도 생로병사 苦集滅道 生老病死
불생불멸 불구부정 부증불감 不生不滅 不垢不淨 不增不減
애별리고 원증회고 愛別離苦 怨憎會苦
사랑도 이별도 그 무엇도

달집 태우는 연기 하늘로 오른다
지는 불길 뒤이어 불길이 일어
보름달을 향해 불꽃 피어오른다

다시
강가에 서
있다

너의 짧았던 생
우주 나이 138억 년에
티끌이라 비하여도
화려하게 타오른 불꽃 같았던 시공간
무한의 일부로 귀속함을
두 줄기 눈물로 받아들인다

해 저무는 강가
지금 이곳에서
무한으로 잠겨 드는 너를 보내며
흐느껴 손을 흔든다
무한 속에 무한 속으로
나의 미세한 파장을 흔들어 보낸다

해설

박정선

시간과 공간 그리고 그 '사이'의 미학

시간과 공간 그리고 그 '사이'의 미학

박정선(문학평론가)

1

시간과 공간의 무한한 지속, 가늠할 수 없는 그 아득한 변화에 대하여 먼지보다도 작은 한 인간으로서의 기억과 사유로 성찰하고 고뇌해온 과정이 시로 표현되었다.

무한은 무상함을 바탕으로 하지만 무한하기에 그 속에는 변치 않는 유한함도 내포되어 있을 것임을 짐작한다.

무한의 시공간을 넘어 그에 실려서 가고 오는 유한의 애틋한 연과 인의 관계 속에서 경외하는 마음으로 시집을 펴낸다.

-시인의 말 중에서-

매우 깊고 진지한 시를 만났다. 그의 시는 순례자의 고통 같기도 하고 끝없는 지평선 너머에서 타오르는 고독한 불꽃 같기도 하다. 또는 사막을 걷는 낙타의 다리 같기도 하다. 머리글인 시인의 말부터 심상치 않다. 핵심어는 시간, 공간, 무한, 유한, 인연 등이다. 이것은 작품 전체의 주제의식이다. 그러니까 시공을 넘어선 무한의 세계와 유한의 사이에 있는 존재를 찾아 순례의 길을 걷는 것이다. 따라서 이용경 시인은 "무한의 시공간을 넘어 유한의 애틋한 연과 인의 관계 속에서 경외하는 마음으로 시집을 펴낸다."고 말한다. 시를 경외한다는 것은 인생의 가장 미세한 것부터 무한의 세계까지 지고한 고통과 아픔 모두를 품어 안는다는 말에 다름아니다. 그런 정신이라면 비로소 시인이랄 수 있다. 그리고 시를 경외하는 시인의 작품은 충분히 읽을 가치가 있다.

그래서일까, 시집 『그곳에 있었다』는 표제부터 철학이다. 그곳에는 '너' 혹은 '나'가 존재한다. 누구나, 무엇이나 존재할 수 있다. 그러므로 그 특정된 곳에는 무수한 스침이 있다. 살면서 우리는 아니 우리가 살자면 무수한 인과 연의 스침이 있고 그것은 기쁨과 아픔을 생산하게 마련이다. 따라서 시인은 "삶의 여정은/ 떨어짐과 닿음 사이/ 가없는 시간과 공간 속에 있는 것"(「낙하」)으로 규정한다. 그런데 떨어짐과 닿음 사이와 가없는 시간과 공간 속은 무와 유의 세계로서 허공을 함의한다.

허공은 시간과 공간을 포용하는 것으로 서로 불가분의 관계를 형성한다. 시간은 인간과 떼어내면 존재하지 않는다. 시간은 시간으로 살아가는 존재로부터 독립될 수 없기 때문이다. 그래서 칸트는 시간과 공간은 감성에 의한 직관형식이며 서로 의존적인 형태로 인간의 감성을 구축하는 것이라고 했다. 또한 시간과 불가분의 관계를 형성하는 공간은 공백을 의미한다. 하나의 건물이 차지하는 공(허공)은 과학적 원자로 채워져 있다면 한 인간이 차지하는 공(우주)은 사유로 채워지게 된다. 거기에는 내가 존재하며 시간과 공간이 만난 시공은 나를 둘러싼 세계를 포괄하는 우주로 통한다. 그리고 시인의 지고한 사유는 "나는 나인가/ 너는 너인가"(「시공의 흔적」)라는 물음과 함께 그 경계를 넘나들고 있는 것이다.

시인은 시간 속의 '나'와 '너'를 벗어나 공이라는 초월적 세계를 지향한다. 따라서 그의 작품은 워즈워스의 "시는 모든 글 중 가장 철학적이며 시의 목적은 열정으로 진리를 사람들 가슴 속에 생생하게 전달하는 것"(「틴탄 사원」이 실려 있는 『서정 가요집』 서문)이라는 유명한 말을 떠오르게 한다. 이것은 또한 시는 깨달음의 수단이라는 휠록과 롤랑 바르트의 말과도 일치한다. 더욱이 롤랑 바르트는 텅 빈 상태, 마음의 허공 상태에서 글

쓰기가 이루어진다고 했는데, 모든 의미가 배제되었을 때 깨달음은 텅 빈 상태의 특질을 뽑아낼 수 있기 때문이다.

그렇다. 시를 쓴다는 것은 자아에 대한 깨달음이며 그것은 인간의 영혼을 요동케 하는 지진과도 같다. 그러자면 텅 빈 상태가 되어야 한다. 나를 알기 위해서는 나를 벗어나야 하고 나를 벗어나기 위해서는 고독해야 하기 때문이다. 이런 이유로 그의 시는 찬찬히 톺아볼수록 편편이 잠언시로 읽힌다. 시간과 공간에 대한 사유, 끝없는 성찰의 지속성, 그리고 그 사이의 무한에 대한 천착은 잠언시를 낳을 수밖에 없다.

2

창작은 고독한 여행이다. 더욱이 잠언시의 원천은 순수한 고독이 창출한다. 물론 고독하지 않고 시를 쓰는 시인이 어디 있으랴만, 그의 시는 특별하게도 페르난두 페소아의[1] 잠언시집『시는 내가 홀로 있는 방식』을 떠올리게 만든다. 페소아 시집의 표제대로 시는 시인을 홀로 있게 만들면서 스스로를 사유의 세계로 인도하기 때문이다.

해가 떠나니 / 어둠이 스며온다

멀리 보이는 마을에 / 하나둘 켜지는 호롱불
어렴풋이 깜박이는 별빛 같은 / 희미한 저항
어둠을 밀어내지 못한다

구름이 내려앉는다

---

1) 페소아(Eernando Pessoa, 1888-1935)는 20세기 서양 문학사 가운데 가장 위대한 작가 26인 가운데 세익스피어, 괴테, 조이스, 네루다, 페르난두 페소아 순으로 손꼽힌 시인이다.

거스를 수 없는 무명이다 / 보리수 아래 자리를 튼다
여명을 기다리며

-「산 위에 서서」 전문

무심히 발길 멈추어지는 곳 있다
어디에서든 / 흔적이 느껴질 때 있다

생각한다 / 나는 나인가 / 불면의 밤이 이어질수록
번뇌는 깊어간다 / 기억의 흔적들을 더듬어간다
너는 너인가

-「시공의 흔적」 중에서

해가 저물고 어둠이 시작되는 시간은 침잠의 시간이다. 침잠의 시간은 곧 사유를 의미하며 사유는 밝은 한낮보다는 해가 진 어두운 시간대가 어울린다. 땡볕 쏟아지는 한여름보다는 좀은 싸늘한 늦가을이거나 눈 내리는 겨울이 어울리게 마련이다. 빛은 모든 물상을 드러내 보임이며 어둠은 주변의 모든 것을 물리치고 오롯이 '나'만을 보게 만든 탓이다. 기도를 할 때 눈을 감는 이유가 여기에 있다.

시인을 대리한 화자는 석가모니를 상징하는 보리수나무 아래 자리를 틀고 앉아 '나'를 분해하기 시작한다. 산 아래로 멀리 보이는 마을의 불빛을 시인은 마지막 저항으로 내세우지만, 그러나 어둠을 받아들이는 것은 인간의 운명을 인정한 것이다. 그래서 보리수 아래 자리를 틀고 앉아 "여명" 즉 내일 아침이 밝아올 것을 기다린 것인데 여명은 내일을 은유하므로 미래에 대한 추구이다. 아울러 "무명"에 주목해야 한다. 무명無明은 불교에서 모든 번뇌의 근원을 가리킨다. 즉 잘못된 생각이나 집착에 얽매여 진리를 깨닫지 못하는 끓어오르는 마음 상태를 말하기 때문이다. 그리고 자기 분석은 「시공의 흔적」에서 더욱 깊어진다. "나는 나인가/ 너는 너인가"라는 질문으로 화자는 진정한 나를 알고자 하는 간절한 욕망을 나타낸다. 인간은 타인에 대해서는 명석할 정도로 예리하게 알아차리면서도 정작 자신에 대해서는 전혀 알지 못하는 것이 인간의 가장 큰 맹점이다. 이 외에도 시인은 제5부에 묶은 작품들 「구원」, 「시공의 흔적」, 「파장」, 「마음」, 「낙하」 등을 통해 인생의 파장에 대해 더 깊숙이 천착해 간다.

주전자의 물이 끓는다
김을 내뿜어 뚜껑이 들썩인다
난로 위에 물이 끓는다

마음이 끓는다
열을 받아 몸은 붉게 부풀어 오르고
증기 같은 가쁜 숨을 내쉰다
(…)
어떤 마음이 이토록 깊은 곳에서
마그마처럼 웅크려 이글거리고 있었는지
한번 끓어오른 마음은
분출하는 화산처럼 멈출 수가 없다
(…)
물이 닳아버린 주전자
난로 위에 녹아내린다
피아가 전멸한 폐허의 전장처럼
검붉은 열기 피어오르는 사막
분노는 아직 불꽃의 잔영으로 너울거린다

-「마음」 중에서

파도의 한 점 / 어디서 일렁거려
온 바다를 철썩이고 있을까
바람의 한 숨 / 어디서 터져 나와

온 세상을 펄럭이고 있을까

나의 한 걸음 / 생각 한 줄기
미세한 파장으로 / 바람과 파도에 공명하고 있다

별의 탄생과 소멸 / 흐르는 시간
멀어지는 공간 속에 / 나로 인한 파장은
언제까지 남아 있을까 / 어디까지 퍼져 나갈까

밤하늘을 흐르는 은하수 / 독수리 성운 창조의 기둥
그 너머 어느 행성에 / 파장으로 응하는 이 있을까

-「파장波長」 중에서

인간이든 사물이든 끓어오름은 어떤 작용에 의해서다. 끓어오른 마음 상태를 시인은 난롯불 위에서 끓고 있는 주전자를 차용하여 인간의 내면을 묘사한다. 객관적 상관물인 난로 위의 주전자는 더 이상 견딜 수 없도록 가해진 열에 의해 끓어오른다. 주전자가 열을 못 이겨 뚜껑이 들썩이며 끓는 상태는 인간이 자신을 제어하지 못했을 때를 상상하게 만든다. 그리고 물이 다 소진되어 없어진 후 난로 위에서 녹아내리는 주전자는 분노의 결과를 보여준다. 마음의 평정을 찾지 못하고 끝내 자신과의 싸움에서 진 인간의 한계를 상징한 것이다. 그러나 끓어오르지 않고 할 수 있는 일은 없다. 욕망은 인간에게 어떤 의지를 끓어오르게 만들어 어떤 목표를 향해 도전하게 만들뿐만 아니라 진보하게 만든다.

이를 일러 스피노자는 욕망을 선이라고까지 명명했고, 라캉은 욕망이야말로 사회를 이끌어가는 원동력이며 인간이 죽어야 끝이 난다고 했다. 그래서일까, 시인은 「파장」을 통해 인간의 마음을 흔들리는 파도로 은유한다. 어쩔 수 없이 인간은 흔들리는 물결처럼 파동하고 파장하는 세계에서 삶을 영위해야 하는 존재이기 때문이다. 시인은 파도와 바람 즉 인간의 마음의 파동이 어디서 오는 것인지, 근원에 대해 고뇌한다. “나의 한 걸음/ 생각 한 줄기”가 “미세한 파장으로/ 바람과 파도에 공명하고 있다”는 것은 흔들림 속에서 오히려 득도하는 잠언을 보여준다.

그러나 인간은 끊임없이 흔들리는 법, 화자는 다시 나를 벗어나 나를 찾는 길을 찾아야만 한다. 인간은 불 위의 주전자처럼 끓어오른 분노를, 파도처럼 흔들리는 파장을 스스로 평정해야 하기 때문이다.

3

그러므로 시인은 길을 제시한다. 길은 물리적으로는 사람이 걸어가는 공적 공간을 말하지만 철학적으로는 사유와 성찰을 은유한다. 그리스 시대부터 예술가와 철학자들은 걷기를 일상적인 사유의 방편으로 삼았다는 것은 잘 알려진 일이다. 이 문제에 대해 잠시 생각해보면, 걸으며 생각하기의 철학은 아리스토텔레스로 거슬러 올라간다. 당시 아리스토텔레스는 지식 연마를 위해 걸으면서 철학을 논한다 하여 소요학파(Walking about)라고 불렀다.(소요는 그리스어로 ‘산책하다’라는 말) 고대 그리스에서는 사색과 걷기가 곧 철학이었고 당시 그리스 건축양식이 그것을 말해준다. 아테네 학당의 열주식 기둥이 줄지어 이어진 긴 통로의 회랑은 함께 걸으며 대화를 나누었다는 그들의 모습을 충분히 상상하게 만든다. 이것은 오랫동안 걷는 일과 사색하는 일이 하나로 연결되는 연상이 세계로 확산되면서 유럽에서는 철인들이 즐겨 걸었던 거리에 ‘누구누구의 길’이라는 새로운 지명이 붙게 되었다.

예를 들면 독일에는 헤겔이 걸었던 것으로 유명한 길에 철학자 헤겔의 길, 칸트의 길이 있고, 덴마크 코펜하겐에는 키르케고르가 걸었다는 키르케고르의 길이 있다는 것도 유명한 일이다. 그리고 어느덧 우리나라에도 독립운동가, 예술인 등등의 이름을 딴 "000 거리"라는 지명이 지역마다 하나쯤은 있다.

그런데 동서고금의 작가를 통틀어 낭만파 시인 윌리엄 워즈워스(William Words worth : 1770-1850)야말로 걷기 시인으로 유명하다. 그는 언제나 걸었다. 밤에도 걸었다. 아침에 학교에 가면서도 근처 호수를 한 바퀴를 돌고, 10킬로미터쯤을 더 걷고 나서야 학교에 갔다고 한다. 워즈워스는 20세부터 시를 썼고 그 때부터 걸어 50여 년 동안 29만 킬로미터를 걸은 것으로 알려져 있다. 그에게 걷기는 존재하는 방법이었다. 워즈워스와 걷기는 시를 쓰는 방편이었고 시의 주제였기 때문이다. 그의 대작 『서곡』에서 "오직 시를 위해 살겠다는 그 맹세와 함께 나는 계속 걸었소"라고 말한 대로 걷기는 그의 존재 방식이었다.

워즈워스가 길을 통해 사유하고 시를 창작했듯이 이용경 시인 또한 길이라는 공간과 걷기라는 시간을 통해 존재를 찾아가는 것이다. "오늘도/ 어제와 같은 길을/ 걷는다// 같은 시간/ 같은 길을/ 언제나(…)"(「언제나 그 길을」)라는 진술대로 그는 길에 대한 사유에 몰입한다. 그러니까 길이 시를 만들고 시가 길을 만들어가면서 시인은 그 길을 통해 존재에 이르고자 한 것이다.

> 길은 마을로 이어진다 / 사람이 떠나고 길은 끊어진다
>
> 산길은 서식지로 이어진다 / 짐승이 떠나고 산길은 끊어진다
>
> 너무 오래 / 떠나 있었다 // 너무 오래 / 혼자 있었다
>
> 떠난 것은 없었고 / 길은 이어져 있었다

길을 나서 / 길을 찾는다

-「길 위에서」 전문

움직이면 시간이 흐른다
가만히 있어도 가만있는 것은 없기에 시간이 흐른다
시간이 흐르면 변한다

공간은 시간이 만드는 것
시간은 공간이 있어 흐르는 것
같은 시간에 두 곳에 머물 수 없듯이
같은 곳이라도 시간은 다르다

-「시간 여행자 1」 중에서

돋골, 어신리 / 수리재로 분가했던
시간들이 한 방에 모여 앉아
병풍 뒤 / 시간들을 추억한다

산과 들 / 바다의 생 거두어 와 / 차려진 제상
공간을 더듬어 피어오르는 향 / 정지해 있다

멈추어 멀어져가는 / 지난 시간에 대한 재배는
대물림해 온 유산
퇴주잔에 고인이 남긴 / 회한들을 나누어 마신다

병풍 걷힌 / 빈방 / 먼지처럼
남겨진 시간들이 쌓여간다

-「추념追念」 전문

언제부턴가 사람이 떠나버린 마을은 시간만 잉태하고 있다. 짐승이 다닌 산길도 마찬가지다. 그런데 "떠난 것은 없었고/ 길은 이어져 있었다"는 패러독스는 사실 마을 길, 산길이 아닌 마음의 길을 함의한다. 마음의 길은 끊어지지 않았다. 그렇더라도 시인은 길에 가 닿는다는 확신을 함부로 공언하지 않는다. 왜냐하면 길 찾기는 시인이 계속 수행해야 하는 과제이며 미래지향이기 때문이다. 그런데 문제는 시간이다. 시간에는 과거와 현재와 미래가 존재한다. 사람은 똑같은 강물에 발을 두 번 담글 수가 없다. 흐르는 물은 시간이며 붙잡을 수가 없기 때문이다. 따라서 인간은 시간의 지배를 받는다. 그렇다면 도대체 시간이란 무엇일까.

일찍이 시간이란 도대체 무엇이며 무엇으로 확인할 수 있는가 하는 문제를 두고 고대 철학자들은 수많은 고민에 시달려야 했다. 아리스토텔레스는 이것을 도무지 알 수 없는 시간의 아포리아라고 했다. 그러면서도 아리스토텔레스는 인간이 존재하지 않으면 시간은 없다고 했다. 인간을 제외하고는 시간은 존재하지 않는다는 것이다. 그런데 아리스토텔레스의 말은 「시간 여행자 1」과 절묘하게 맞아떨어진다. "같은 시간에 두 곳에 머물 수 없다는 것", "움직이면 시간이 흐른다는 것/ 공간은 시간이 만든다는 것"은 곧 인간이 주체가 되기 때문이다.

「추념」은 조상에게 드리는 제사를 통해 시간을 사유한다. "돌골, 어신리, 수리재로 분가했던 시간들"의 '시간들'은 여러 지역으로 흩어져 살아온 가족들을 은유한다. 그들은 조상을 회고하면서 퇴주잔을 마신다. "병풍 걷힌/ 빈방 / 먼지처럼/ 남겨진 시간들"의 '시간들'은 지나간 날들에 대한 그리움을 상징한다. 시간은 무엇이나 만들어 내고 지워버리기도 하지만 빈방은 결코 비어있는 방이 아님을 강조한 것이다. 시인은 빈방에 쌓여가는 먼지를 과거와 미래의 시간으로 본 것이다. 빈방의 먼지조차도 시간이라는 의미로 보는 시인은 고독할 수밖에 없다. 고독하지 않고는 그 깊은 심층의 샘물을 길어 올릴 수 없다.

저기 한 사람이 걸어온다
점점 가까워져 / 무심히 곁을 지나간다
그가 온 길 / 내가 지나온 길을
서로 엇갈려 걸어간다

어디서 비롯하여 / 어디로 가는 것일까
스쳐 지날 때 / 미세한 바람이 일었을 것인데
걸어가는 동선에 따라 비워지는 공간들
다른 공기로 채워지고 / 바람은 풀잎을 흔들고
호수엔 파문이 번졌을 것인데

- 「지나온 길」 중에서

무한이 무한 속에서 소용돌이친다
여의어 멀어진 사람
떠나간 인연
모두 무한 속에 있다
잃은 것도 당한 것도 무한 속에 들어 있다
다시 만날 인연 무한히 있고
무한히 만날 인연 무한히 있다

- 「무한의 시공 속으로 너를 보낸다」 중에서

「지나온 길」은 너와 내가 존재함으로써 관계되는 스침을 보여준다. '나'로 인하여 모든 일이 발생한다는 것, 지나간 시간과 공간 모두 너와 나의 스침이 만들어 낸 일이다. "그가 온 길"은 이미 "내가 지나온 길"이다. 그런데 "서로 엇갈려 걸어간다"는 것은 무수히 많은 스침을 반어적으로 역설하여 더 강렬하게 나타내려는 의도가 엿보인다. 그리고 그 무수한 스침은 "무한 속에서 소용돌이"치면서 무한히 지속된다는 것을 믿는다. 「무한의 시공 속으로 너를 보낸다」에서는 무한의 세계를 과감하게 보여준다. 이 무한에는 다시 무한이 있고 거기에는 죽음으로 멀어진 사람(여의어 멀어진 사람), 현재에 존재하면서 멀어진 인연(떠나간 인연)이 있다. 그러나 또다시 만나게 될 인연이 무한함을 믿는다. 왜냐 하면 모든 건 무한하며 무한은 가능성이기 때문이다.

이와 같이 그의 시는 명상적이고 성찰적이다. 그것은 존재에 대한 보다 더 명확한 확인을 원하는 욕구에서 비롯된다. 그러니까 이용경 시인의 사유 세계는 무한과 유한의 사이, 그 시공에서 벌어지는 관계를 깨닫고자 한 것이다. 모두에서 언급한 대로 그것은 진리를 찾아 고행하는 순례의 길에 다름아니다. 진리는 존재에 내재 되어 있기 때문이다. 이쯤에서 우리는 데카르트의 그 유명한 코기토 "나는 생각한다. 그러므로 존재한다"를 떠올릴 수밖에 없다. 데카르트의 코기토는 사유함으로써 진리에 닿을 수 있고 존재할 수 있음을 말한다. 그리고 이것은 이용경 시인이 추구하고자 하는 욕구와 상통한다. "나는 나인가, 너는 너인가,"라는 문제를 스스로 던져놓고 나를 벗어나 나를 알기를 원하는 고뇌는 전형적인 고독 주의자에게 나타나는 현상이다. 고독하지 않고는 나를 알 수가 없기 때문이다.

4

그런데 고독은 새로운 열정을 창출한다. 헤겔의 그 유명한 변증법의 지양止揚처럼, 고독의 본질은 센티멘탈하고 멜랑콜리한 정서를 지니면서도 높은 단계에서는 이상주의로서 창조의 힘을 발휘하기 때문이다. 사실 고대의 호메로스에게도 있었던 낭만성은 인간의 기본 속성으로써 언제나 존재해 왔으며 영원히 존재하게 마련인데 이용경 시인의 시 세계는 이상주의를 지향하는 페이소스를 지닌다. 그는 앞의 작품군에서 보았듯이 철학의 정수淨水를 길어 올릴 뿐만 아니라 낭만적 성향을 보여주기 때문이다.

① 통금을 앞둔 밤거리는 시렸다 / 허리춤을 추스르며 / 가로수에 기대어 바라보던 까아만 밤하늘 / 붓으로 뿌려놓은 하얀 점들 같은 별들이 흔들렸다

② 순백으로 빗어넘긴 훤칠한 이마 / TV 화면 가득 / 가요무대 / 여유로운 미소 지으며 / 노년의 신사가 노래를 한다

㉠ 머나먼 하늘 위에 / 별들이 빛나던 밤…

③ 아렴풋한 겨울의 밤거리 / 보도를 쓸어가는 바람처럼 / 발목을 휘어 감으며 퍼져오는 안개처럼 / 들려오던 노래 / 레코드방 쇼윈도 앞에 / 비틀거리던 기억은 / 걸음을 멈추고 / 하염없이 바라보고 있었다

㉡ 너와 내가 맹세한 / 사랑한다던 그 말…

④ 흑백 TV 속에 / 헐렁한 청바지 / 장발의 머리카락을 흐느끼며 / 깡마른 젊은이가 노래를 부른다

㉢ 별빛 따라 흘렀네 / 유성처럼 사라져 버린…

⑤단정한 슈트가 어울리는 / 주름살도 없이 곱게 늙은 이 / 노래를 부른다
㉣ 그리워요 사랑해요…

⑥ 가요무대 / 막을 내리며 / 윤항기는 손을 흔들고

⑦ 창밖을 내다본다 / 아파트 건물의 숲 사이 / 짙은 감색의 밤하늘 / 혜화고 여학생의 치마 색 같은

⑧ 아련해지는 기억 / 노랫소리는 끊어질 듯 가물거리고 /
통금의 시간을 따라 / 흐느적이며 멀어져가는 나의 발자국
소리

⑨별이 빛나던 / 별이 빛나는 / 밤

-「별이 빛나던 밤에」 전문

인용한 「별이 빛나던 밤에」는 1970년대를 풍미했던 가수 윤항기가 불러 대중을 사로잡았던 "별이 빛나는 밤에"(1975)를 회상하는 작품으로 과거와 현재를 오가는 서사적인 형식을 취하고 있다. 시인을 대리한 화자는 어느 날 "가요무대"라는 TV 프로를 통해 "별이 빛나는 밤에"를 부르는 가수 윤항기를 만나게 된다. 70년대에 장발을 하고 헐렁거리는 청바지를 입고 흑백 TV에 나와 청춘을 매료시켰던 가수는 이제 머리가 하얗게 변해버린 노신사가 되어 그날의 노래를 부르고 있다. 화자는 가수의 늙음을 통해 시간의 흐름과 노래에 대한 추억과 한편 자신도 이제는 노년으로 접어든 처지를 실감한 것인데, 가요무대가 끝나고 가수는 손을 흔들며 사라지고, 화자는 여전히 추억 속의 별이 빛나는 밤을 헤매는 여운을 남긴다.

이 작품의 특징은 ①에서 ⑨까지 과거와 현재를 교차하면서 추억을 전개한다는 점, '통행금지' 흑백 TV, 헐렁한 청바지, 장발 등으로 1970년대의 시대적 현상을 입체적으로 제시한 점, 연과 연 사이마다 노랫말 ㉠, ㉡, ㉢, ㉣을 끼워 넣기를 하여 역시 입체감을 준 것도 흥미로운 기법이다. 그런데 시에서 서사구조 즉 어떤 시대적 일이나 사건을 전제로 시간의 흐름을 노정하는 일은 자칫 이야기 구조로 흐를 수 있어 시적 리듬을 상실할 수 있고 어조가 구태 할 수가 있다. 아니 그런 일이 흔하다. 그런데 이용경 시인은 "①통금을 앞둔 밤거리는 시렸다 ③발목

을 휘어 감으며 퍼져오는 안개처럼/ 들려오던 노래 ⑦짙은 감색의 밤하늘/ 혜화고 여학생의 치마 색 같은// 아련해지는 기억" 등등의 감각적 이미지를 보여준다. 즉 ①에서는 시각적(밤거리), 촉각(시렸다)을 ③에서는 촉각의 시각화를 보여주는 공감각 이미지를 ⑦은 시각화를 보여줌으로써 시에 생동감과 입체감을 부여하여 세련미를 살린 것이다.

이와 같이 낭만성은 문학에서 이상주의를 말하며 이상주의는 관념론적 세계관을 바탕으로 한다. 문학의 이상주의는 인간성의 존재와 고귀하고 숭엄한 미를 관철하는 데 의미를 둔 탓이다.

이외에도 이용경 시인은 사물을 바라보는 시력은 매우 치밀하고 예리하다. 마치 핀셋으로 집어내듯 한 관찰력과 직관력이 그것이다. 여기에 해당한 작품은 「꽃 1. 2. 3.」을 비롯하여 「굴비」, 「소는 모른 척」, 「거미에게」, 「등원 풍경」, 「그 강아지 아직도」, 「꽁초는 너에게」를 꼽을 수 있다. 17세기 일본의 하이쿠 시인 바쇼가 남긴 "울타리 아래를 자세히 보니 냉이꽃이 피어 있네"라는 하이쿠가 유명하다. 20자 미만인 이 간단한 하이쿠가 유명한 건 왜일까? 여기에는 '자세히' 본다는 관찰과 어디에나 하찮게 피어 있는 '냉이꽃'이라는 잡초, 아무도 관심을 두지 않는 것에 대한 관심 때문이다. 이것은 세계를 품어 안는 포용심과 배려, 작은 것에 대한 연민에서 발로한 숭고한 미학이다. 이용경 시인 또한 열거한 작품군에서 바쇼 못지않은 포용과 배려와 연민의 숭고한 미학을 보여준다.

> 꺾지 마라 함부로 / 서글프다 / 어떻게 피어난 꿈인데
>
> -「꽃 1. 2. 3.」 중에서

> 손가락이 끝이 뜨거워질 무렵 / 길바닥에 던져졌다 / 아직도
> 남아 있는 불씨를 품은 채 //

항변할 틈도 없이 / 발바닥에 비벼 꺼진다

-「꽁초는 너에게」 중에서

줄줄이 엮이어 / 같은 곳을 바라본다
// 바다를 향한 / 그리움일 것
(…)
허공에 매달려 / 말라가는 꿈
파란 하늘에 백여 버린 / 별 같은 눈동자들

-「굴비」 중에서

아침마다 마당을 쓸다가 / 비를 들어 거미줄을 걷는다
(…)
매일 걷어내도 거미줄은 / 언제나 아침이면 / 같은 곳에 쳐져있다
(…)
나는 이 집에 갇혀 사는 몸이다 / 집은 팔리지도 않고 / 흔한 재개발도 되지 않고 / 그런다 한들 그 돈으로 / 대신해 마련할 집이 없다 //
그러하니 거미여 / 매일 헐리는 이곳에다 / 수고로이 집을 짓지 말고 / 자유로운 그대가 이사하길 바란다

-「거미에게」 중에서

이보다 슬픈 이별이 있을까

아파트 입구에서 / 노란 승합차가 시동음을 높인다
차창에 붙어서서 / 젊은 여자들이 손을 흔든다
움직이는 차를 따라 뛰며 / 창문을 두드린다 //
남은 여자들의 수만큼 / 아이들을 태우고 / 노란 차는 떠났다 / 맥이 풀린 모습들이 / 서로를 돌아본다 //
노란 차는 정차의 흔적도 실어갔다 / 이별의 여운도 싣고 떠났다 / 어느새 제비처럼 조잘대는 / 단파장의 음역이 공간을 채운다 / 몇 평에 살아요……?

-「등원 풍경」 중에서

어둠이 걸어오는 강변의 산책로 / 작은 강아지 한 마리 남겨져 있네 / 행여 지나는 이 있으면 / 빤히 얼굴 쳐다보고 / 쫓아가서 또 쳐다보고 / 맥없이 돌아서네
(…)
집으로 돌아와서도 / 안쓰러운 마음 떠나지를 않네
며칠이 지났을까 / 강변의 나뭇잎 사이로 어른거리는 그림자 / 어머 재 좀 봐 / 그 강아지 아직도 저기에 있네

-「그 강아지 아직도」 중에서

"한 송이 국화꽃을 피우기 위해 천둥은 먹구름 속에서 그렇게 울었나 보다"라는 서정주 시인의 「국화 옆에서」를 떠올리게 하는 「꽃 1. 2. 3.」은 생명에 대한 외경심이라는 뻔한 상식을 훨씬 뛰어넘어 다양한 의미를 제공한다. 함부로 꺾지 말라는 명령어를 사용하고 있지만, 이것은 역으로 함부로 꺾이지 말라는 당부의 의미도 지닌다. 그러니까 꿈과 이상은 타자이든 스스로든 꺾어서는 안 된다는 주문까지 내포된 것이다. 꽁초는 사실 생명과는 거리가 먼 사물이다. 그런데 생명으로 취급한 것은 버려짐, 짓밟힘 때문이다. 버려지고 짓밟히는 것 가운데, 꽁초만한 것도 없다. 꽁초는 고뇌와 가난을 상징한다. 다 타들어 간 마지막 여분을 엄지와 검지 손끝으로 어렵게 쥐고 입을 쫑긋하게 내밀어야 그걸 피울 수 있다. 피어오른 연기와 눈이 가까워 눈을 최소한 가늘게 떠야 한다. 그리고 "손끝이 뜨거워질 무렵" 꽁초는 길바닥에 던져진다. "아직도 남아 있는 불씨를 품은 채"로 말이다. 아직 남아 있는 불씨는 생명이다. 마지막 남은 꽁초의 불씨는 가장 강렬하며 시인은 버려져 짓밟히는 꽁초에서 생명에 버금가는 약한 것에 대한 연민을 보여준 것이다. 「굴비」에서는 거대한 바다를 떠나 한 줄에 나란히 엮이어 말라가는 현상을 생명화한 작품으로 파란 하늘에 박혀버린 굴비의 눈동자는 생명의 핵심 포인트로 특별한 인상을 준다. 「거미에게」는 아침마

다 거미줄을 걷게 되고 그것은 거미의 집을 허무는 행위임을 깨닫는다. 그러나 거미는 도시의 늘씬한 콘크리트 고층 건물에 집을 짓지 않는다. 헌 집을 선호하는 거미는 화자의 헌 집에 집을 짓는 탓에 날마다 집이 헐리는 일이 되풀이 되고, 거미집을 허문다는 것은 거미에게는 생존에 치명적인 일이다. 그래서 화자는 거미의 생존을 위협하는 일을 하고 싶지 않은데도 헌 집이 팔리지도 않고 그렇다고 재개발도 되지 않아 떠날 수가 없으니 거미에게 이사 가 줄 것을 당부하는 형식으로 거미에게 미안한 마음을 전한다. 「등원 풍경」은 다소 해학을 내포하고 있는 재미있는 작품이다. 노란 차는 주로 유치원에서 아이들을 등하교시키는 전용차이고, 엄마들은 아침마다 아이들을 유치원에 보내면서도 마치 다시는 못 볼 것처럼 슬퍼한 풍경을 묘사했다. 그러다가 차가 사라지고 나면 금세 현실로 돌아온다는 것을 "몇 평에 살아요?"라는 표현으로 암시한다. 생명에 대한 천착은 「그 강아지 아직도」에서 화룡점정을 찍는다. 유기견으로 보인 강변의 강아지는 지나가는 사람들을 살피며 주인을 기다리는 현상을 그렸고 화자는 집에 돌아와서도 그 강아지에 대한 연민에서 벗어나지 못한 것이다. 이와 같이 이용경 시인의 시 세계는 다양한 스펙트럼을 보여주는데, 결국 이 모든 것은 형이상학이라는 철학으로 정리되게 마련이다. 세계는 인간이 생각할 수 있는 가장 큰 전체이고 인간에 대한 분석은 필연적으로 인간이 사는 세계에 대한 분석이기 때문이다.

5

부연하건대 인간을 포함하여 살아있는 모든 것은 시공간에 존재하다가 사라져 간다. 생명이 있는 어떤 사물도 영원할 수가 없기 때문이다. 바람과 태양과 비나 구름도 마찬가지이다. 그것들은 모두 시간과 공간, 그리고 그사이의 무엇임을 시인은 알고자 한 것이다. 이와 같은 근원적인 고뇌는 사실 모든 시인들의 공통된 고뇌이지만 이용경 시인의 그것은 변별성을 갖는다. 잘 숙성된 포도주처럼 오래된 이용경 시인의 고뇌는 결국 인간에 대한 연민 의식에서 비롯된 것이기 때문이다. 따라서 시인은 이것을 불치의 병으로 간주하고 작품 「병」에서 "불치의 병을 타고났다/ 병명도 모른다/ 병명을 찾는 데 오래 걸렸다/ 너무 많은 시간을 허송했다/ 깨어보니 그 이름은 인생")이었다고 고백하는데 이처럼 불치의 병을 앓는다는 것은 끝없는 고독을 전제로 한다. 그러나 그 고독은 예술가들에게는 긍정적이고 능동적이며 스스로 즐기는 것으로써 영감을 불러일으킨다.

「산 위에 서서」와 「시공의 흔적」에서 보여준 집중된 성찰, 「마음」과 「파장」에서 보여준 인간의 한계성, 「길 위에서」와 「시간 여행자 1」에서 보여준 시간에 대한 사유, 그리고 「지나온 길」과 「무한의 시공 속으로 너를 보낸다」에서 보여준 무한과 유한에 대한 사유에는 예리한 예지적 관찰이 숨어 흐른다. 이 외에도 이용경 시인의 세상 바라보기는 핀셋관찰이다. 그렇지 않다면 감히 시공을 논할 수가 없다.

끝없는 그의 성찰적 사유는 릴케의 시 "지금 세상 어디선가 누군가 울고 있다/ 세상에서 이유 없이 울고 있는 사람은 나 때문에 울고 있다/ 지금 세상 어디선가 누군가 걷고 있다/ 정처도 없이 걷고 있는 사람은/ 내게로 오고 있다"(「엄숙한 시간」)와 통한다. 릴케는 "주여, 때가 되었습니다"(「가을날」)에서 보여주듯이 기도하는 시인으로도 유명하다. 이것은 인간에 대한 연민 의식, 타자에 대한 배려와 포용에서 발로한 의식이다. 모든 건 '나' 때문이며 사실 시는 시인 자신에 대한 성찰일 수밖에 없다. 자신을 스스로 검색하면서 추구하는 방향을 찾아 길을 나선 것이다.

결론적으로 무한의 시공을 넘어 애틋한 인연의 관계 속에서 시를 경외한다는 시인은 앞으로도 계속 그렇게 전진할 것으로 보인다. 그러니까 세계를 순례자처럼 혹은 불꽃처럼 혹은 사막을 걷는 낙타의 다리처럼 시를 경외하는 마음으로 걸어갈 것이라는 짐작이 가능하다. 예술은 고독한 길이며 예술에 대한 고독한 열정은 고귀한 것이다. 예술이야말로 인간의 내면에 잠재되어있는 충만한 생명력을 불러일으키는 원동력이기 때문이다.

이미 오래전 박재삼(1933-1997) 시인으로부터 범상치 않음을 평가받은 시인이지만 앞으로 더욱 견딜 수 없는 충동과 열정으로 또 다른 세계를 펼쳐가기를 기대한다.

그곳에 있었다

초판1쇄 발행 2023년 11월 20일

지 은 이 이용경
펴 낸 이 이길안
펴 낸 곳 세종출판사

주소 부산광역시 중구 흑교로 71번길 12 (보수동2가)
전화 051－463－5898, 253－2213~5
팩스 051－248－4880
전자우편 sjpl5898@daum.net
출판등록 제02-01-96

ISBN 979-11-5979-641-8 03810

정가 12,000원

부산광역시 BUSAN METROPOLITAN CITY 부산문화재단 BUSAN CULTURAL FOUNDATION
본 도서는 2023년 부산광역시, 부산문화재단 부산문화예술지원사업으로 지원을 받았습니다.